Impressum
Verlag: BABADADA GmbH, Nedderfeld 112 , 22529 Hamburg
Geschäftsführer / Verlagsleitung: Harald Hof
Druck: Books on Demand GmbH, In de Tarpen 42, 22848 Norderstedt

Imprint
Publisher: BABADADA GmbH, Nedderfeld 112 , 22529 Hamburg, Germany
Managing Director / Publishing direction: Harald Hof
Print: Books on Demand GmbH, In de Tarpen 42, 22848 Norderstedt

AF194451

colegio
die Schule

aula
das Klassenzimmer

dividir
dividieren

186/2

pizarrón
die Tafel

patio de escuela
der Schulhof

maestro
der Lehrer

papel
das Papier

escribir
schreiben

birome
der Stift

escritorio
der Schreibtisch

regla
das Lineal

libro
das Buch

alumno
die Schüler

mochila
der Ranzen

caja de lápices
die Federmappe

lápiz
der Bleistift

sacapuntas
der Bleistiftanspitzer

goma (de borrar)
das Radiergummi

bloc de dibujo
der Zeichenblock

dibujo

die Zeichnung

pincel

der Pinsel

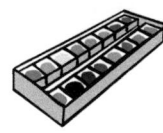

caja de pinturas

der Malkasten

tijera

die Schere

pegamento

der Klebstoff

cuaderno de ejercicios

das Übungsheft

tarea

die Hausaufgabe

número

die Zahl

sumar

addieren

restar

subtrahieren

multiplicar

multiplizieren

calcular

rechnen

letra

der Buchstabe

abecedario

das Alphabet

hello

palabra

das Wort

colegio - die Schule

3

texto

der Text

leer

lesen

tiza

die Kreide

lección

die Stunde

cuaderno de clase

das Klassenbuch

examen

die Prüfung

certificado

das Zeugnis

uniforme escolar

die Schuluniform

educación

die Ausbildung

enciclopedia

das Lexikon

universidad

die Universität

microscopio

das Mikroskop

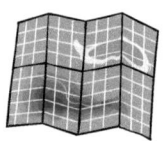

mapa

die Karte

tacho (de basura)

der Papierkorb

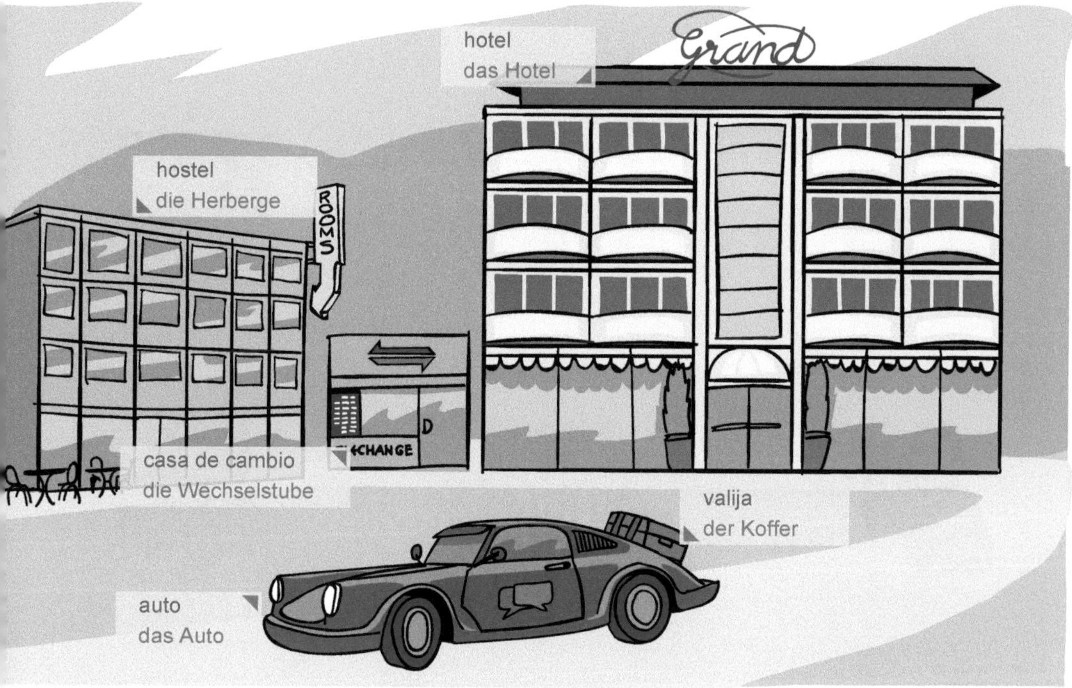
hotel
das Hotel
Grand
hostel
die Herberge
ROOMS
casa de cambio
die Wechselstube
EXCHANGE
valija
der Koffer
auto
das Auto

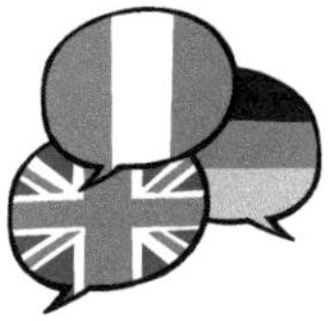

idioma
die Sprache

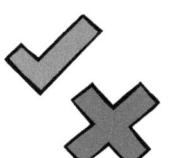

sí / no
ja / nein

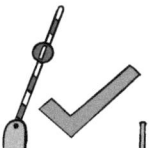

Está bien
Okay

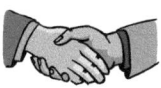

hola
Hallo

traductor
der Übersetzer

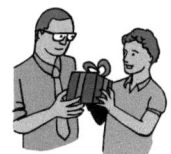

Gracias
Danke

¿cuánto cuesta...?

Was kostet...?

No entiendo

Ich verstehe nicht

problema

das Problem

¡Buenas tardes!

Guten Abend!

¡Buenos días!

Guten Morgen!

¡Buenas noches!

Gute Nacht!

adiós

Auf Wiedersehen

dirección

die Richtung

equipaje

das Gepäck

bolso

die Tasche

mochila

der Rucksack

invitado

der Gast

habitación

das Zimmer

bolsa de dormir

der Schlafsack

carpa

das Zelt

información turística

die Touristeninformation

playa

der Strand

tarjeta de crédito

die Kreditkarte

desayuno

das Frühstück

almuerzo

das Mittagessen

cena

das Abendessen

pasaje

die Fahrkarte

ascensor

der Fahrstuhl

sello

die Briefmarke

frontera

die Grenze

aduana

der Zoll

embajada

die Botschaft

visa

das Visum

pasaporte

der Pass

transporte
der Transport

avión
das Flugzeug

barco
das Schiff

autobomba
das Feuerwehrauto

colectivo
der Bus

camión
der Lastwagen

lancha a motor
das Motorboot

bicicleta
das Fahrrad

auto
das Auto

ferry
die Fähre

bote
das Boot

moto
das Motorrad

patrullero
das Polizeiauto

auto de carreras
das Rennauto

auto de alquiler
der Mietwagen

alquiler de autos

das Carsharing

grúa

der Abschleppwagen

camión de basura

das Müllauto

motor

der Motor

nafta

der Kraftstoff

estación de servicio

die Tankstelle

señal de tránsito

das Verkehrsschild

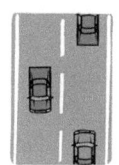

tránsito

der Verkehr

embotellamiento

der Stau

estacionamiento

der Parkplatz

estación de tren

der Bahnhof

vías

die Schienen

tren

der Zug

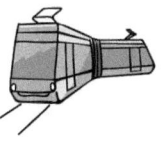

tranvía

die Straßenbahn

vagón

der Wagon

helicóptero

der Helikopter

aeropuerto

der Flughafen

torre

der Tower

pasajero

der Passagier

contenedor

der Container

caja de cartón

der Karton

carretilla

der Karren

canasta

der Korb

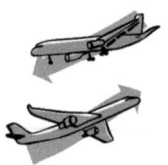

despegar / aterrizar

starten / landen

ciudad

die Stadt

pueblo

das Dorf

centro de ciudad

das Stadtzentrum

casa

das Haus

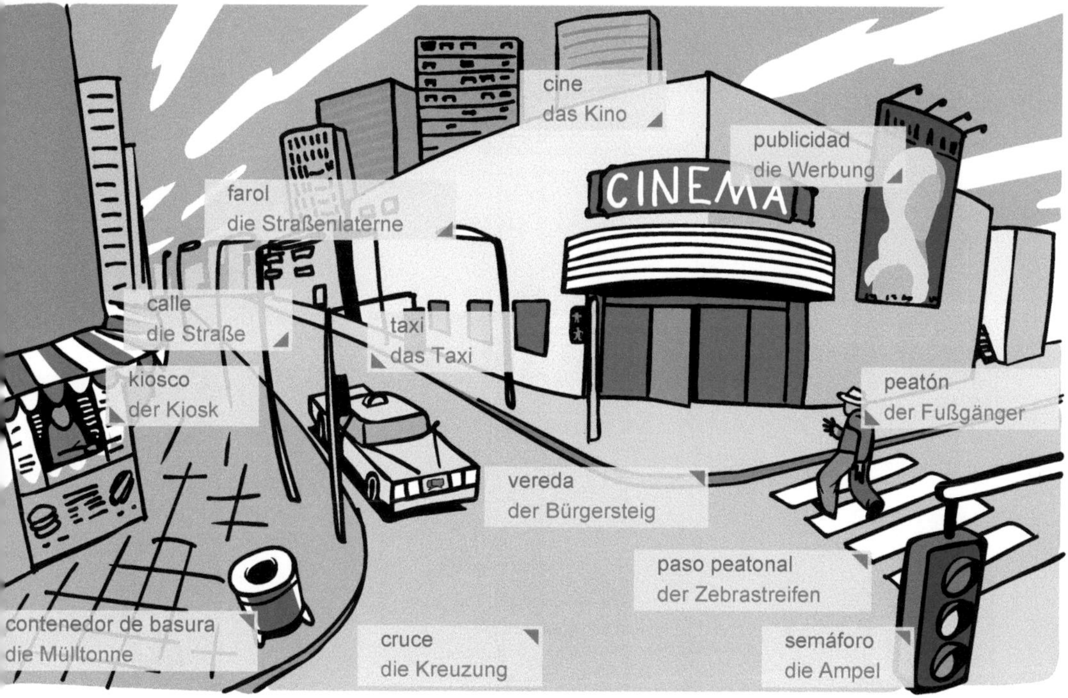

cine
das Kino

publicidad
die Werbung

farol
die Straßenlaterne

CINEMA

calle
die Straße

taxi
das Taxi

kiosco
der Kiosk

peatón
der Fußgänger

vereda
der Bürgersteig

paso peatonal
der Zebrastreifen

contenedor de basura
die Mülltonne

cruce
die Kreuzung

semáforo
die Ampel

cabaña
die Hütte

departamento
die Wohnung

estación de tren
der Bahnhof

municipalidad
das Rathaus

museo
das Museum

colegio
die Schule

universidad

die Universität

banco

die Bank

hospital

das Krankenhaus

hotel

das Hotel

farmacia

die Apotheke

oficina

das Büro

librería

die Buchhandlung

negocio

das Geschäft

florería

der Blumenladen

supermercado

der Supermarkt

mercado

der Markt

grandes tiendas

das Kaufhaus

pescadería

der Fischhändler

centro comercial

das Einkaufszentrum

puerto

der Hafen

parque

der Park

banco

die Bank

puente

die Brücke

escaleras

die Treppe

subte

die U-Bahn

túnel

der Tunnel

parada del colectivo

die Bushaltestelle

bar

die Bar

restaurante

das Restaurant

buzón

der Briefkasten

letrero

das Straßenschild

parquímetro

die Parkuhr

zoológico

der Zoo

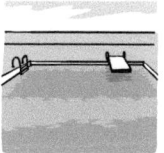

pileta

die Badeanstalt

mezquita

die Moschee

granja

der Bauernhof

contaminación

die Umweltverschmutzung

cementerio

der Friedhof

iglesia

die Kirche

juegos infantiles

der Spielplatz

templo

der Tempel

paisaje

die Landschaft

hoja
das Blatt

poste indicador
der Wegweiser

camino
der Weg

pradera
die Wiese

piedra
der Stein

árbol
der Baum

excursionista
der Wanderer

río
der Fluss

hierba
das Gras

flor
die Blume

valle

das Tal

montaña

der Berg

lago

der See

bosque

der Wald

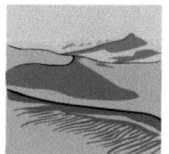

desierto

die Wüste

volcán

der Vulkan

castillo

das Schloss

arco iris

der Regenbogen

champiñón

der Pilz

palmera

die Palme

mosquito

der Moskito

mosca

die Fliege

hormiga

die Ameise

abeja

die Biene

araña

die Spinne

escarabajo

der Käfer

rana

der Frosch

ardilla

das Eichhörnchen

erizo

der Igel

liebre

der Hase

lechuza

die Eule

pájaro

die Vogel

cisne

der Schwan

jabalí

das Wildschwein

ciervo

der Hirsch

alce

der Elch

presa

der Staudamm

aerogenerador

das Windrad

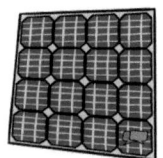

panel solar

das Solarmodul

clima

das Klima

restaurante
das Restaurant

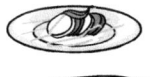

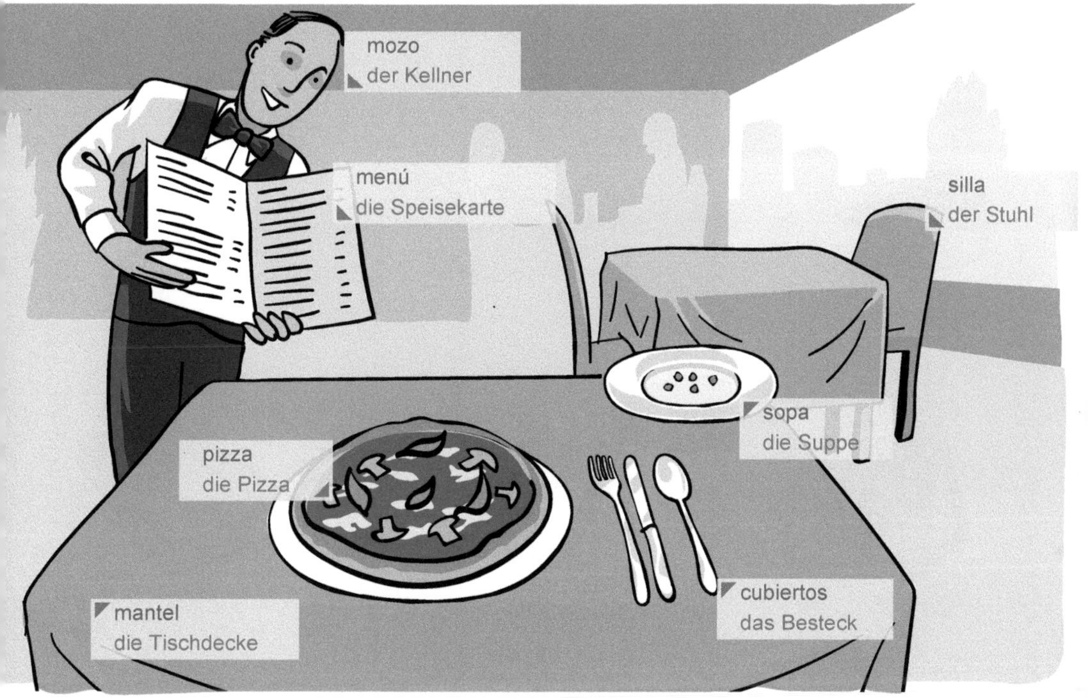

mozo
der Kellner
menú
die Speisekarte
silla
der Stuhl
sopa
die Suppe
pizza
die Pizza
mantel
die Tischdecke
cubiertos
das Besteck

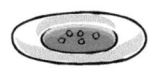

entrada

die Vorspeise

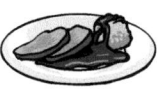

plato principal

das Hauptgericht

postre

die Nachspeise

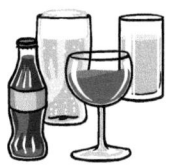

bebidas

die Getränke

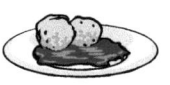

comida

das Essen

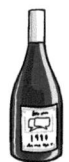

botella

die Flasche

comida rápida

das Fastfood

comida callejera

das Streetfood

tetera

die Teekanne

azucarera

die Zuckerdose

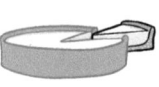

porción

die Portion

cafetera expreso

die Espressomaschine

sillita alta

der Hochstuhl

cuenta

die Rechnung

bandeja

das Tablett

cuchillo

das Messer

tenedor

die Gabel

cuchara

der Löffel

cucharita

der Teelöffel

servilleta

die Serviette

vaso

das Glas

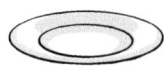

plato

der Teller

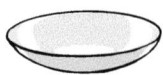

plato hondo

der Suppenteller

plato

die Untertasse

salsa

die Sauce

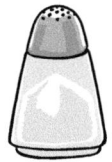

salero

der Salzstreuer

molinillo de pimienta

die Pfeffermühle

vinagre

der Essig

aceite

das Öl

especias

die Gewürze

kétchup

das Ketchup

mostaza

der Senf

mayonesa

die Mayonnaise

supermercado
der Supermarkt

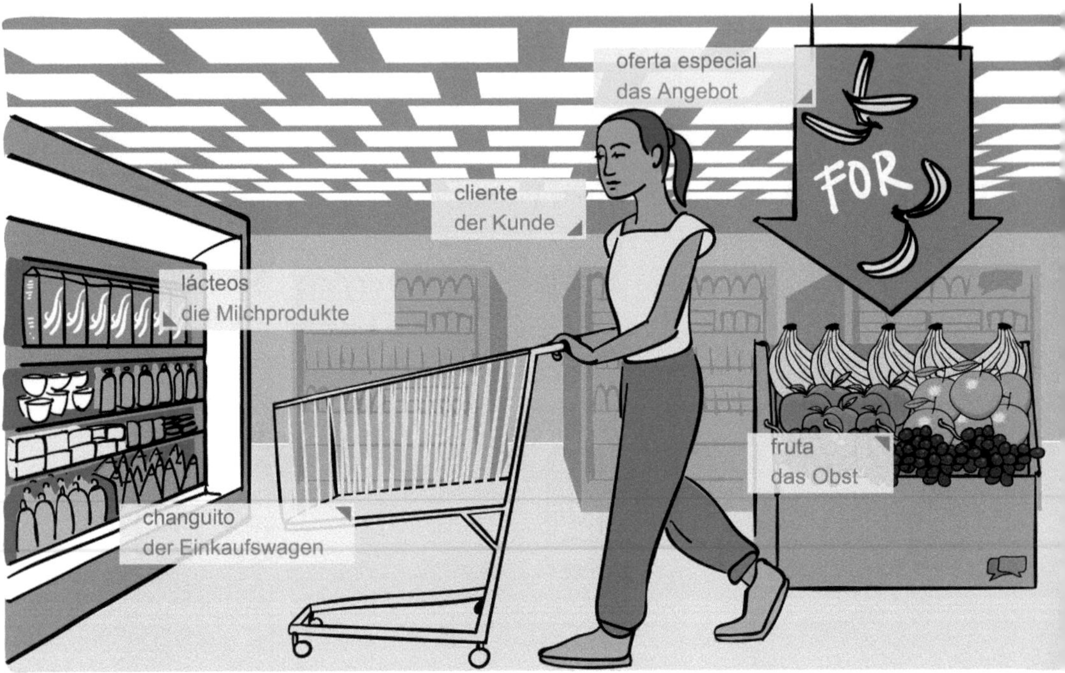

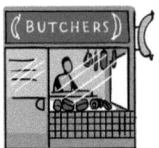

oferta especial
das Angebot
cliente
der Kunde
lácteos
die Milchprodukte
FOR
fruta
das Obst
changuito
der Einkaufswagen

BUTCHERS

carnicería

die Schlachterei

BAKERY

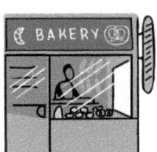

panadería

die Bäckerei

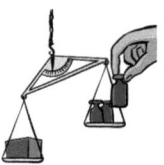

pesar

wiegen

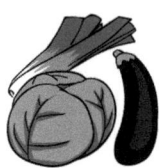

verduras

das Gemüse

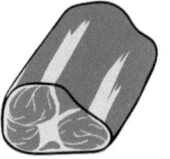

carne

das Fleisch

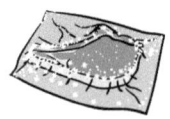

alimentos congelados

die Tiefkühlkost

fiambres

der Aufschnitt

alimentos enlatados

die Konserven

detergente en polvo

das Waschmittel

golosinas

die Süßigkeiten

electrodomésticos

die Haushaltsartikel

productos de limpieza

das Reinigungsmittel

vendedora

die Verkäuferin

caja

die Kasse

cajero

der Kassierer

lista de compras

die Einkaufsliste

horario de atención

die Öffnungszeiten

billetera

die Brieftasche

tarjeta de crédito

die Kreditkarte

cartera

die Tasche

bolsa de plástico

die Plastiktüte

agua

das Wasser

jugo

der Saft

leche

die Milch

bebida cola

die Cola

vino

der Wein

cerveza

das Bier

alcohol

der Alkohol

cacao

der Kakao

té

der Tee

café

der Kaffee

café expreso

der Espresso

cappuccino

der Cappuccino

banana

die Banane

manzana

der Apfel

naranja

die Orange

melón

die Melone

limón

die Zitrone

zanahoria

die Karotte

ajo

der Knoblauch

bambú

der Bambus

cebolla

die Zwiebel

champiñón

der Pilz

nueces

die Nüsse

fideos

die Nudeln

tallarines

die Spaghetti

arroz

der Reis

ensalada

der Salat

papas fritas

die Pommes frites

papas fritas

die Bratkartoffeln

pizza

die Pizza

hamburguesa

der Hamburger

sándwich

das Sandwich

churrasco

das Schnitzel

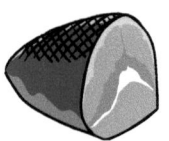

jamón

der Schinken

salame

die Salami

salchicha

die Wurst

pollo

das Huhn

asado

der Braten

pescado

der Fisch

copos de avena

die Haferflocken

muesli

das Müsli

copos de maíz

die Cornflakes

harina

das Mehl

medialuna

das Croissant

pancito

das Brötchen

pan

das Brot

tostada

der Toast

galletitas

die Kekse

manteca

die Butter

cuajada

der Quark

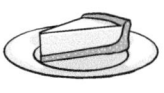

torta

der Kuchen

huevo

das Ei

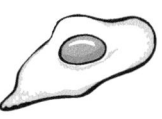

huevo frito

das Spiegelei

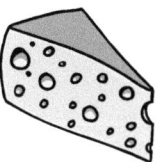

queso

der Käse

helado

die Eiscreme

azúcar

der Zucker

miel

der Honig

mermelada

die Marmelade

pasta de chocolate

die Nougat-Creme

curry

das Curry

granja

der Bauernhof

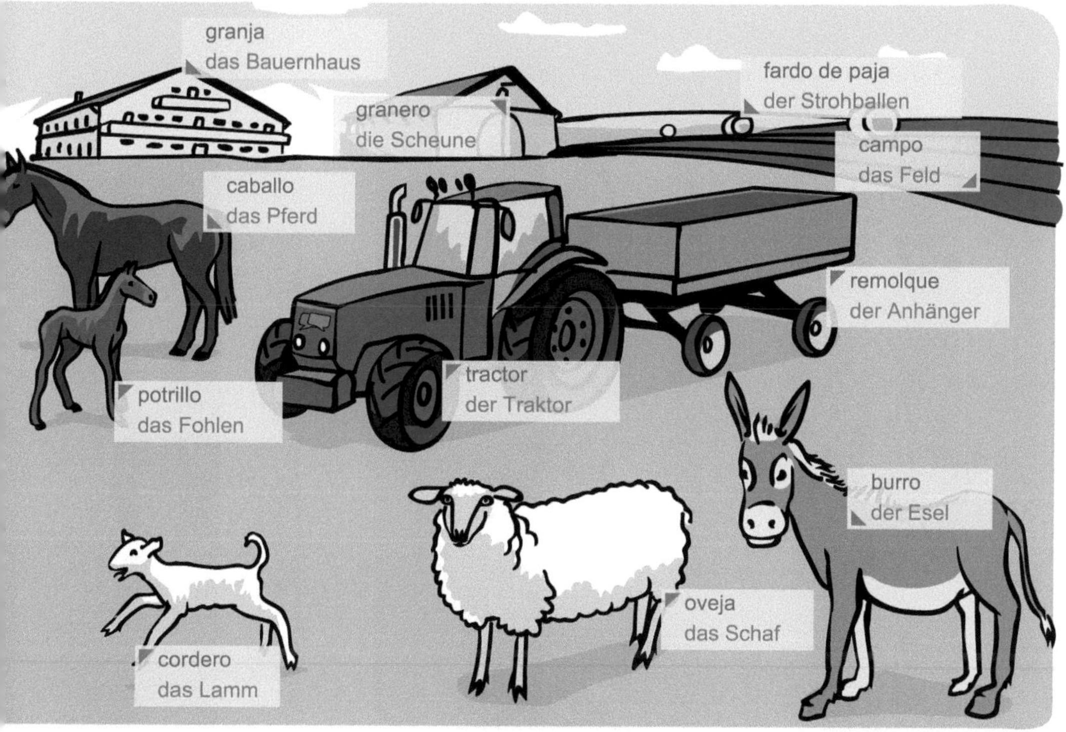
granja
das Bauernhaus
granero
die Scheune
fardo de paja
der Strohballen
campo
das Feld
caballo
das Pferd
remolque
der Anhänger
tractor
der Traktor
potrillo
das Fohlen
burro
der Esel
oveja
das Schaf
cordero
das Lamm

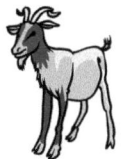

cabra

die Ziege

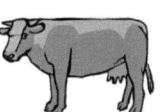

vaca

die Kuh

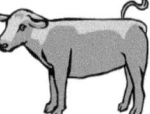

ternero

das Kalb

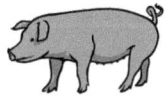

cerdo

das Schwein

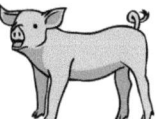

lechón

das Ferkel

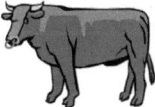

toro

der Bulle

ganso

die Gans

pato

die Ente

pollo

das Küken

gallina

das Huhn

gallo

der Hahn

rata

die Ratte

gato

die Katze

ratón

die Maus

buey

der Ochse

perro

der Hund

cucha

die Hundehütte

manguera

der Gartenschlauch

regadera

die Gießkanne

guadaña

die Sense

arado

der Pflug

hoz

die Sichel

azada

die Hacke

horquilla

die Mistgabel

hacha

die Axt

carretilla

die Schubkarre

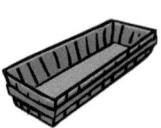

abrevadero

der Trog

lechera

die Milchkanne

bolsa

der Sack

reja

der Zaun

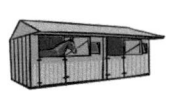

establo

der Stall

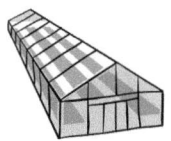

invernadero

das Treibhaus

suelo

der Boden

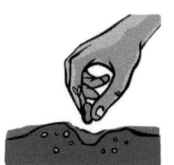

semilla

die Saat

fertilizador

der Dünger

cosechadora

der Mähdrescher

cosechar

ernten

cosecha

die Ernte

batatas

die Yamswurzel

trigo

der Weizen

soja

das Soja

papa

die Kartoffel

maíz

der Mais

semilla de colza

der Raps

árbol frutal

der Obstbaum

mandioca

der Maniok

cereales

das Getreide

casa
das Haus

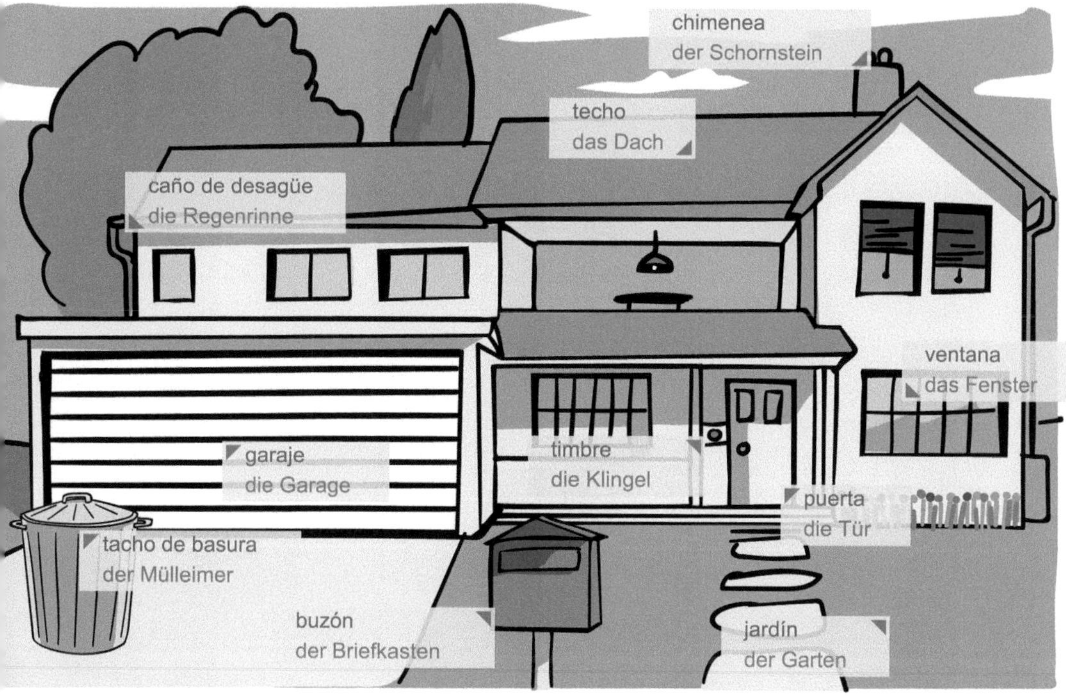

chimenea
der Schornstein

techo
das Dach

caño de desagüe
die Regenrinne

ventana
das Fenster

garaje
die Garage

timbre
die Klingel

puerta
die Tür

tacho de basura
der Mülleimer

buzón
der Briefkasten

jardín
der Garten

living
das Wohnzimmer

baño
das Badezimmer

cocina
die Küche

dormitorio
das Schlafzimmer

cuarto de los chicos
das Kinderzimmer

comedor
das Esszimmer

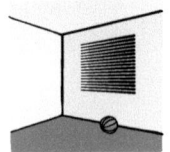

piso

der Boden

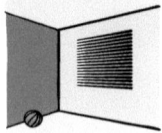

pared

die Wand

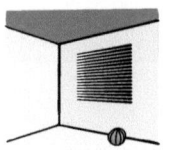

cielorraso

die Decke

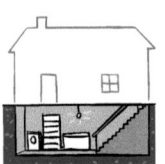

sótano

der Keller

sauna

die Sauna

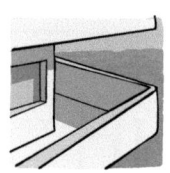

balcón

der Balkon

terraza

die Terrasse

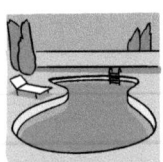

pileta

das Schwimmbad

cortadora de pasto

der Rasenmäher

sábana

der Bettbezug

acolchado

die Bettdecke

cama

das Bett

escoba

der Besen

balde

der Eimer

interruptor

der Schalter

das Wohnzimmer

empapelado
die Tapete
imagen
das Bild
lámpara
die Lampe
estante
das Regal
armario
der Schrank
televisión
der Fernseher
chimenea
der Kamin
flor
die Blume
almohadón
das Kissen
sofá
das Sofa
florero
die Vase
control remoto
die Fernbedienung

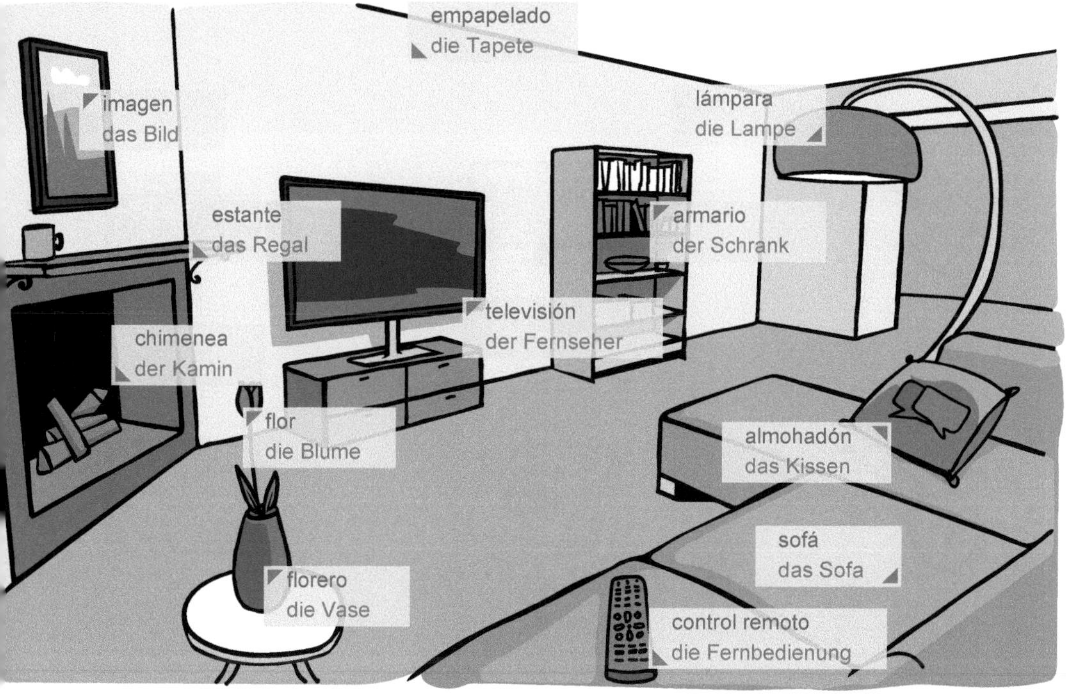

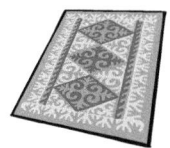

alfombra

der Teppich

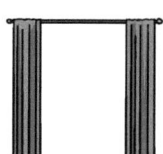

cortina

der Vorhang

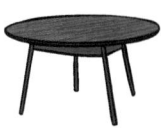

mesa

der Tisch

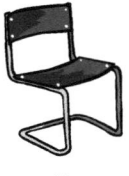

silla

der Stuhl

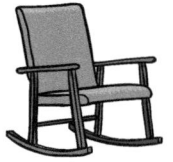

mecedora

der Schaukelstuhl

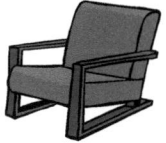

sillón

der Sessel

libro

das Buch

frazada

die Decke

decoración

die Dekoration

leña

das Feuerholz

película

der Film

equipo de música

die Stereoanlage

llave

der Schlüssel

diario

die Zeitung

pintura

das Gemälde

póster

das Poster

radio

das Radio

cuaderno

der Notizblock

aspiradora

der Staubsauger

cactus

der Kaktus

vela

die Kerze

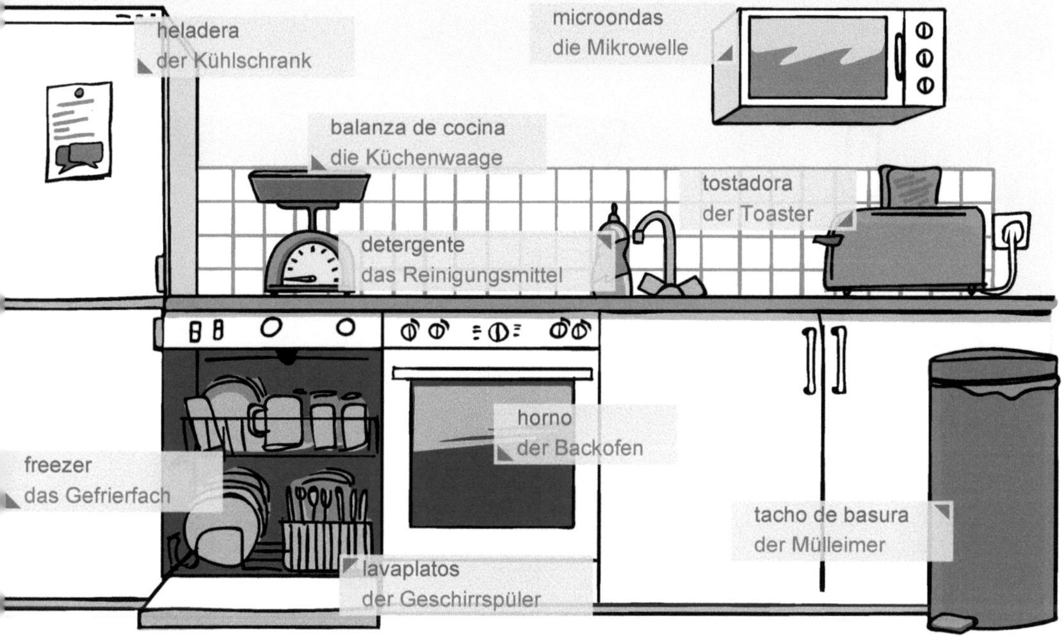

heladera
der Kühlschrank

microondas
die Mikrowelle

balanza de cocina
die Küchenwaage

tostadora
der Toaster

detergente
das Reinigungsmittel

horno
der Backofen

freezer
das Gefrierfach

tacho de basura
der Mülleimer

lavaplatos
der Geschirrspüler

cocina
der Herd

olla
der Topf

olla de hierro fundido
der Eisentopf

wok
der Wok / Kadai

sartén
die Pfanne

pava
der Wasserkocher

vaporera

der Dampfgarer

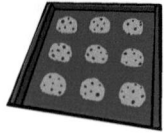

bandeja de horno

das Backblech

vajilla

das Geschirr

taza

der Becher

bol

die Schale

palitos

die Essstäbchen

cucharón

die Suppenkelle

estpátula

der Pfannenwender

batidora

der Schneebesen

colador

das Kochsieb

colador

das Sieb

rallador

die Reibe

mortero

der Mörser

parrilla

der Grill

fogata

die Feuerstelle

tabla de picar

das Schneidebrett

palo de amasar

das Nudelholz

sacacorchos

der Korkenzieher

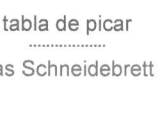

lata

die Dose

abrelatas

der Dosenöffner

manopla

der Topflappen

pileta

das Waschbecken

cepillo

die Bürste

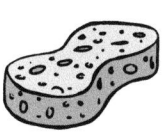

esponja

der Schwamm

batidora

der Mixer

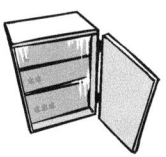

congelador

die Gefriertruhe

mamadera

die Babyflasche

canilla

der Wasserhahn

baño

das Badezimmer

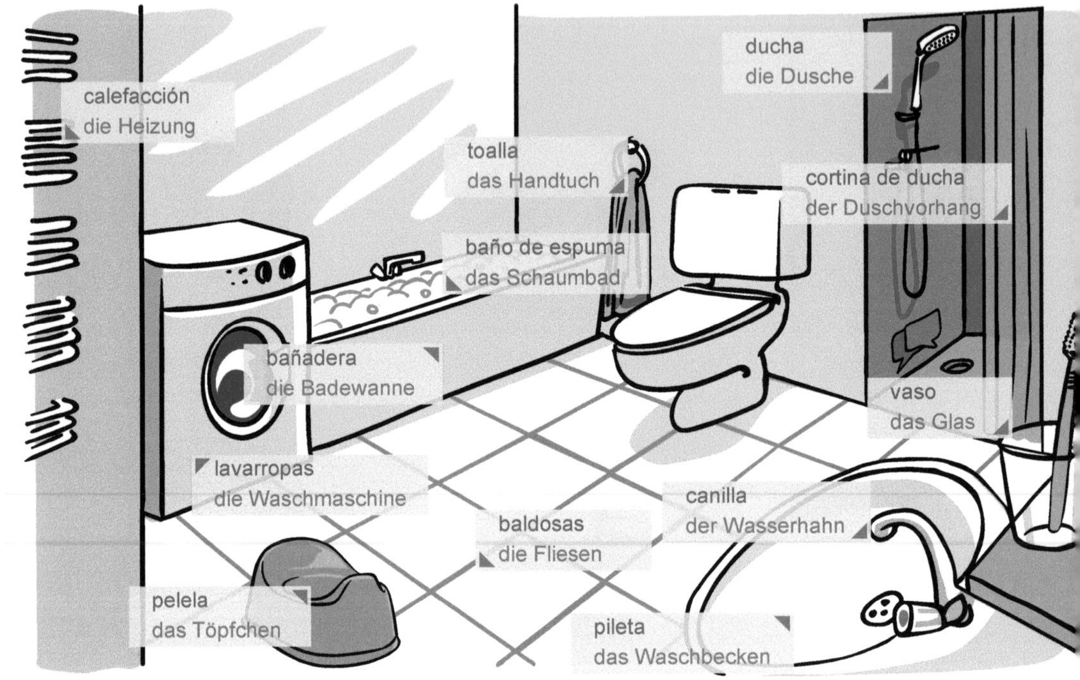

calefacción
die Heizung

ducha
die Dusche

toalla
das Handtuch

cortina de ducha
der Duschvorhang

baño de espuma
das Schaumbad

bañadera
die Badewanne

vaso
das Glas

lavarropas
die Waschmaschine

canilla
der Wasserhahn

baldosas
die Fliesen

pelela
das Töpfchen

pileta
das Waschbecken

inodoro
die Toilette

letrina
die Hocktoilette

bidé
das Bidet

mingitorio
das Pissoir

papel higiénico
das Toilettenpapier

cepillo para el inodoro
die Toilettenbürste

cepillo de dientes

die Zahnbürste

dentífrico

die Zahnpasta

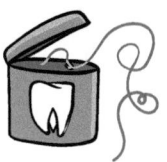

hilo dental

die Zahnseide

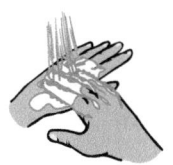

lavar

waschen

ducha de mano

die Handbrause

ducha higiénica

die Intimdusche

palangana

die Waschschüssel

cepillo para espalda

die Rückenbürste

jabón

die Seife

gel de ducha

das Duschgel

shampoo

das Shampoo

toallita

der Waschlappen

desagüe

der Abfluss

crema

die Creme

desodorante

das Deodorant

espejo

der Spiegel

espejito

der Kosmetikspiegel

maquinita de afeitar

der Rasierer

espuma de afeitar

der Rasierschaum

aftershave

das Rasierwasser

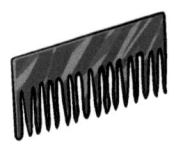

peine

der Kamm

cepillo

die Bürste

secador de pelo

der Föhn

spray

das Haarspray

maquillaje

das Makeup

lápiz de labios

der Lippenstift

esmalte para uñas

der Nagellack

algodón

die Watte

tijera para uñas

die Nagelschere

perfume

das Parfum

portacosméticos

der Kulturbeutel

banqueta

der Hocker

balanza

die Waage

bata

der Bademantel

guantes de goma

die Gummihandschuhe

tampón

das Tampon

toallita femenina

die Damenbinde

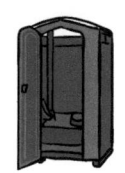

baño químico

die Chemietoilette

cuarto de los chicos
das Kinderzimmer

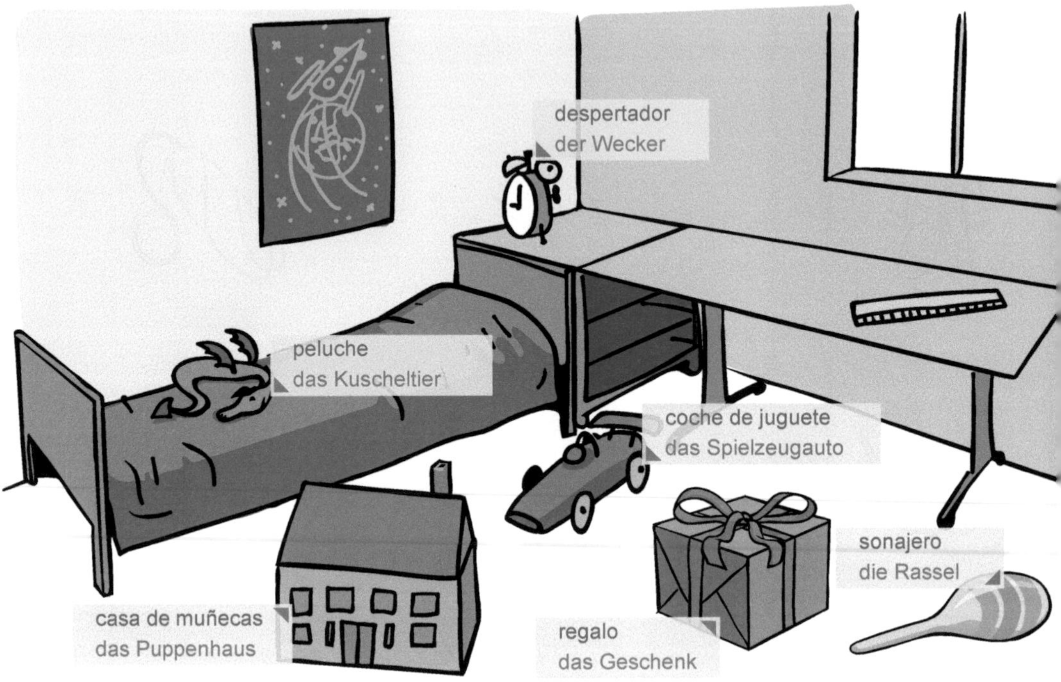

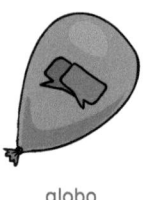

despertador
der Wecker
peluche
das Kuscheltier
coche de juguete
das Spielzeugauto
sonajero
die Rassel
casa de muñecas
das Puppenhaus
regalo
das Geschenk

globo

der Ballon

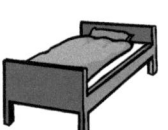

cama

das Bett

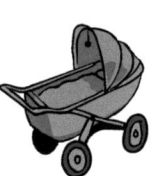

cochecito

der Kinderwagen

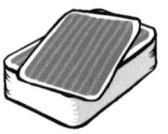

cartas

das Kartenspiel

rompecabezas

das Puzzle

SUPER MEGA

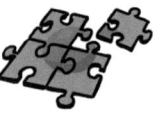

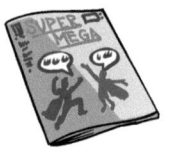

historieta

der Comic

piezas de lego

die Legosteine

ladrillos de juguete

die Bausteine

figura de acción

die Action Figur

enterito (de bebé)

der Strampelanzug

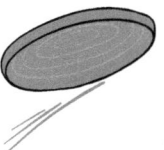

frisbee

das Frisbee

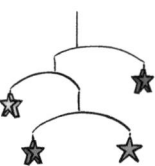

móvil para bebés

das Mobile

juego de mesa

das Brettspiel

dados

der Würfel

tren eléctrico

die Modelleisenbahn

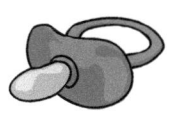

chupete

der Schnuller

fiesta

die Party

libro de cuentos ilustrado

das Bilderbuch

pelota

der Ball

muñeca

die Puppe

jugar

spielen

arenero

der Sandkasten

hamaca

die Schaukel

juguetes

das Spielzeug

consola de videojuegos

die Spielkonsole

triciclo

das Dreirad

osito de peluche

der Teddy

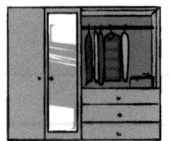

armario

der Kleiderschrank

ropa
die Kleidung

medias

die Socken

medias panty

die Strümpfe

calzas

die Strumpfhose

bufanda
der Schal

paraguas
der Regenschirm

remera
das T-Shirt

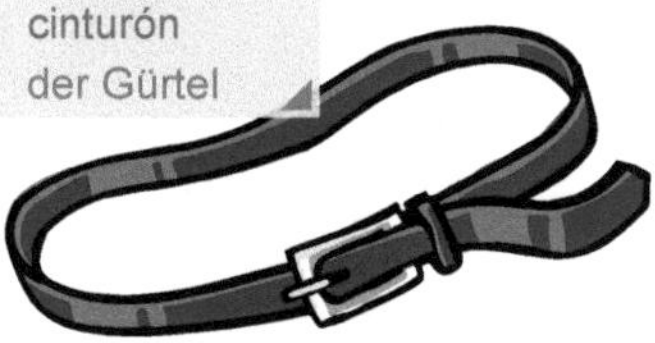

cinturón
der Gürtel

botas
der Stiefel

pantuflas
die Hausschuhe

zapatillas
die Turnschuhe

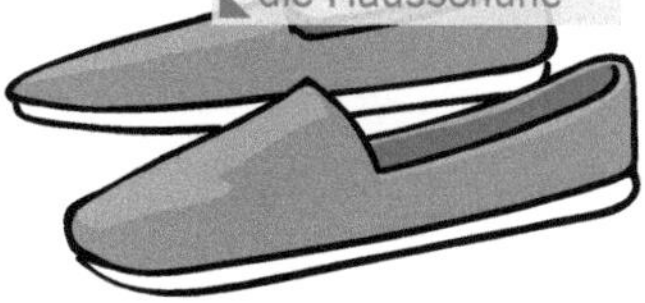

sandalias
die Sandalen

zapatos
die Schuhe

botas de goma
die Gummistiefel

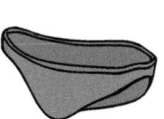

ropa interior
die Unterhose

corpiño
der Büstenhalter

chaleco
das Unterhemd

body
der Body

pantalones
die Hose

jeans
die Jeans

pollera
der Rock

blusa
die Bluse

camisa
das Hemd

pulóver
der Pullover

buzo
der Kapuzenpullover

blazer
der Blazer

campera
die Jacke

tapado
der Mantel

piloto
der Regenmantel

traje
das Kostüm

vestido
das Kleid

vestido de novia
das Hochzeitskleid

traje

der Anzug

camisón

das Nachthemd

pijama

der Schlafanzug

sari

der Sari

pañuelo para cabeza

das Kopftuch

turbante

der Turban

burka

die Burka

caftán

der Kaftan

abaya

die Abaya

traje de baño

der Badeanzug

short de baño

die Badehose

shorts

die kurze Hose

jogging

der Trainingsanzug

delantal

die Schürze

guantes

die Handschuhe

botón

der Knopf

anteojos

die Brille

pulsera

das Armband

collar

die Halskette

anillo

der Ring

aro

der Ohrring

gorra

die Mütze

percha

der Kleiderbügel

sombrero

der Hut

corbata

die Krawatte

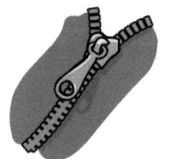

cierre

der Reißverschluss

casco

der Helm

tiradores

der Hosenträger

uniforme escolar

die Schuluniform

uniforme

die Uniform

babero

das Lätzchen

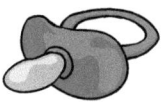

chupete

der Schnuller

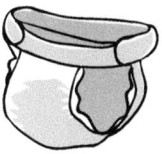

pañal

die Windel

oficina
das Büro

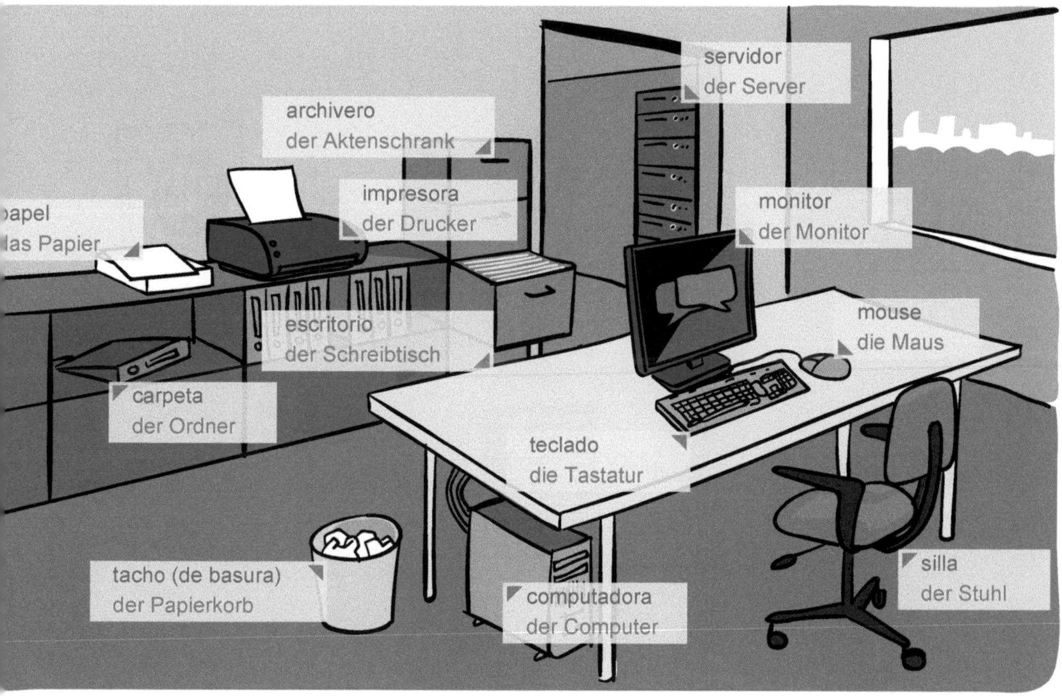

servidor
der Server

archivero
der Aktenschrank

impresora
der Drucker

papel
das Papier

monitor
der Monitor

escritorio
der Schreibtisch

mouse
die Maus

carpeta
der Ordner

teclado
die Tastatur

tacho (de basura)
der Papierkorb

computadora
der Computer

silla
der Stuhl

taza de café

der Kaffeebecher

calculadora

der Taschenrechner

internet

das Internet

laptop

der Laptop

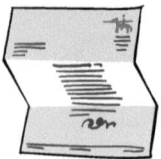

carta

der Brief

mensaje

die Nachricht

celular

das Handy

red

das Netzwerk

fotocopiadora

der Kopierer

software

die Software

teléfono

das Telefon

tomacorriente

die Steckdose

fax

das Fax

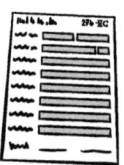

formulario

das Formular

documento

das Dokument

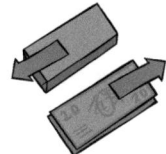

comprar

kaufen

pagar

bezahlen

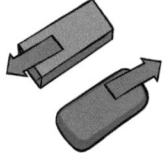

hacer negocios

handeln

dinero

das Geld

dólar

der Dollar

euro

der Euro

yen

der Yen

rublo

der Rubel

franco suizo

der Franken

yuan

der Renminbi Yuan

rupia

die Rupie

cajero automático

der Geldautomat

casa de cambio

die Wechselstube

oro

das Gold

plata

das Silber

petróleo

das Öl

energía

die Energie

precio

der Preis

contrato

der Vertrag

impuesto

die Steuer

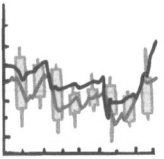

acción

die Aktie

trabajar

arbeiten

empleado

der Angestellte

empleador

der Arbeitgeber

fábrica

die Fabrik

negocio

das Geschäft

ocupaciones
die Berufe

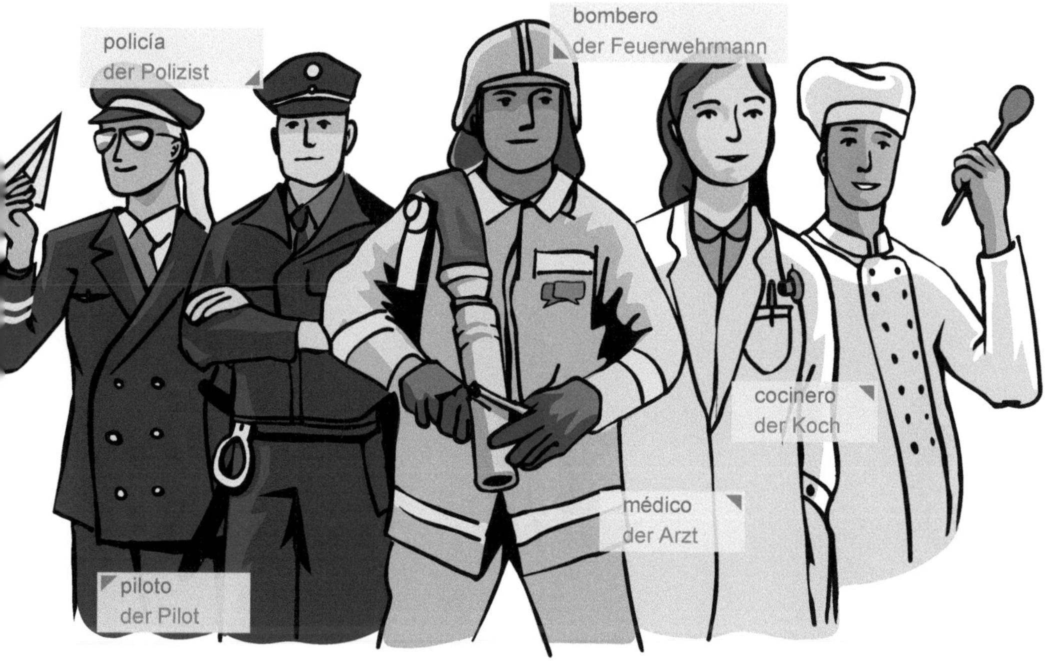

bombero
der Feuerwehrmann
policía
der Polizist
cocinero
der Koch
médico
der Arzt
piloto
der Pilot

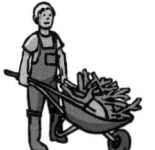

jardinero

der Gärtner

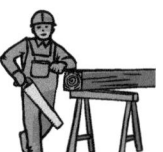

carpintero

der Tischler

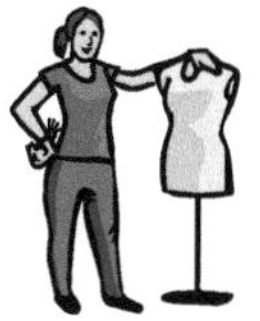

modista

die Näherin

juez

der Richter

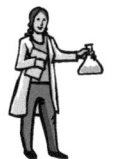

farmacéutico

der Chemiker

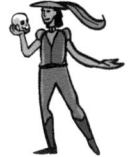

actor

der Schauspieler

colectivero

der Busfahrer

taxista

der Taxifahrer

pescador

der Fischer

mucama

die Putzfrau

techista

der Dachdecker

mozo

der Kellner

cazador

der Jäger

pintor

der Maler

panadero

der Bäcker

electricista

der Elektriker

albañil

der Bauarbeiter

ingeniero

der Ingenieur

carnicero

der Schlachter

plomero

der Klempner

cartero

der Postbote

soldado

der Soldat

arquitecto

der Architekt

cajero

der Kassierer

florista

der Florist

peluquero

der Friseur

cobrador

der Schaffner

mecánico

der Mechaniker

capitán

der Kapitän

dentista

der Zahnarzt

científico

der Wissenschaftler

rabino

der Rabbi

imán

der Imam

monje

der Mönch

sacerdote

der Geistliche

herramientas
die Werkzeuge

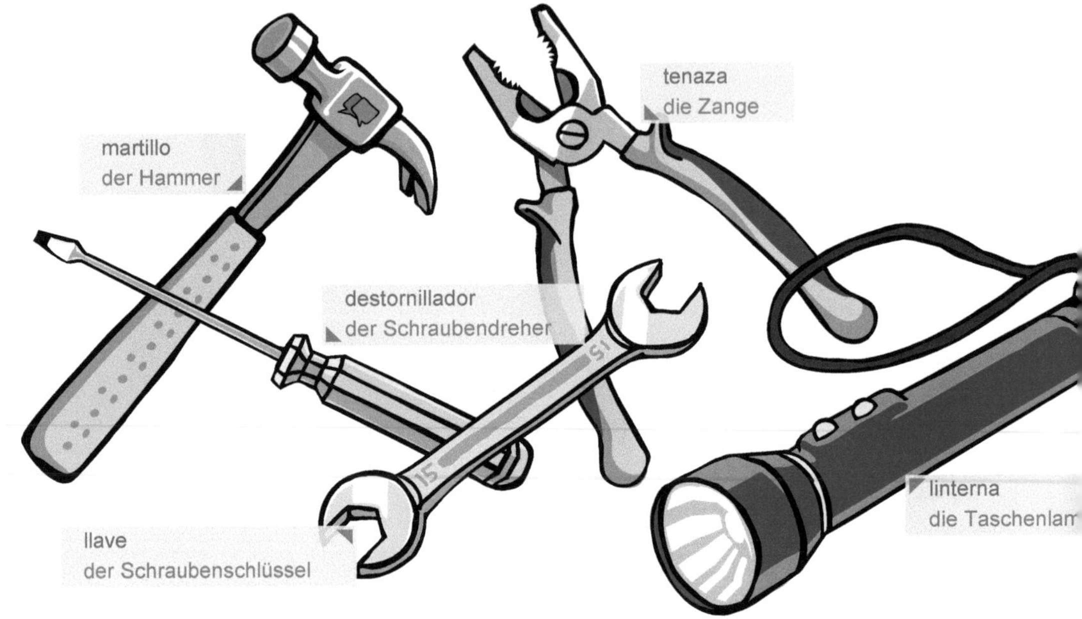

tenaza
die Zange
martillo
der Hammer
destornillador
der Schraubendreher
linterna
die Taschenlam
llave
der Schraubenschlüssel

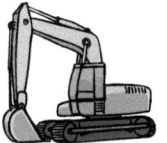

excavadora

der Bagger

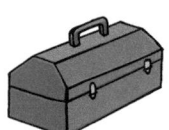

caja de herramientas

der Werkzeugkasten

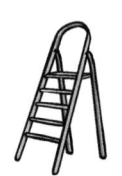

escalera portátil

die Leiter

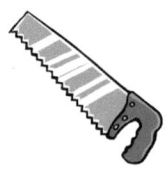

sierra

die Säge

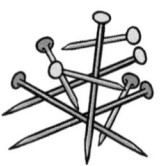

clavos

die Nägel

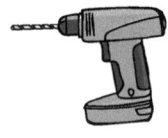

taladro

der Bohrer

arreglar

reparieren

pala de jardín

die Schaufel

¡Qué bronca!

Mist!

pala de plástico

das Kehrblech

tacho de pintura

der Farbtopf

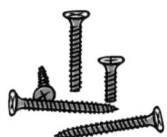

tornillos

die Schrauben

instrumentos musicales
die Musikinstrumente

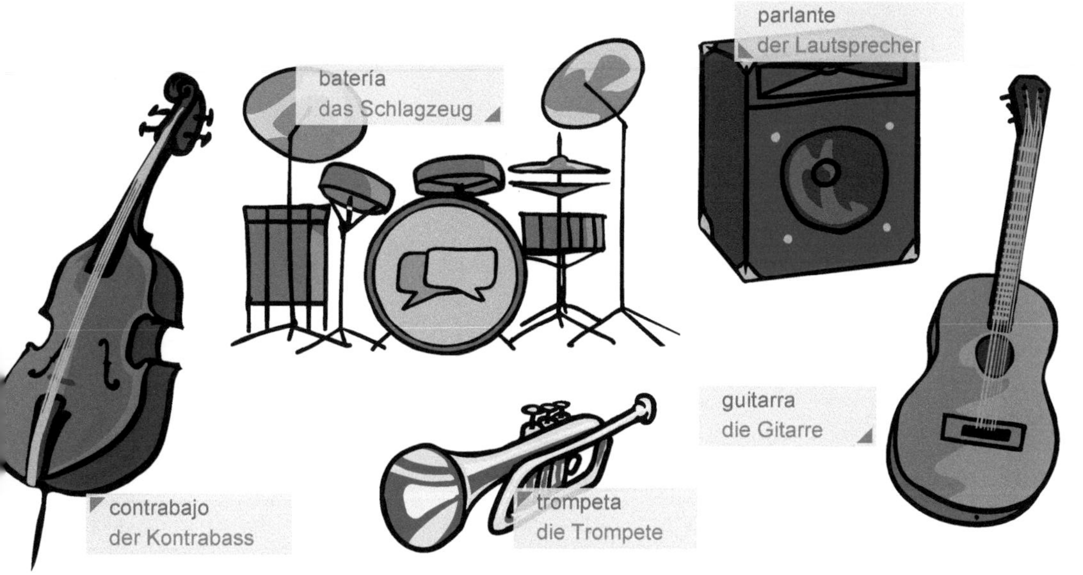

parlante
der Lautsprecher

batería
das Schlagzeug

guitarra
die Gitarre

contrabajo
der Kontrabass

trompeta
die Trompete

piano

das Klavier

violín

die Violine

bajo

der Bass

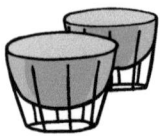

timbales

die Pauke

tambor

die Trommeln

teclado

das Keyboard

saxofón

das Saxophon

flauta

die Flöte

micrófono

das Mikrofon

zoológico
der Zoo

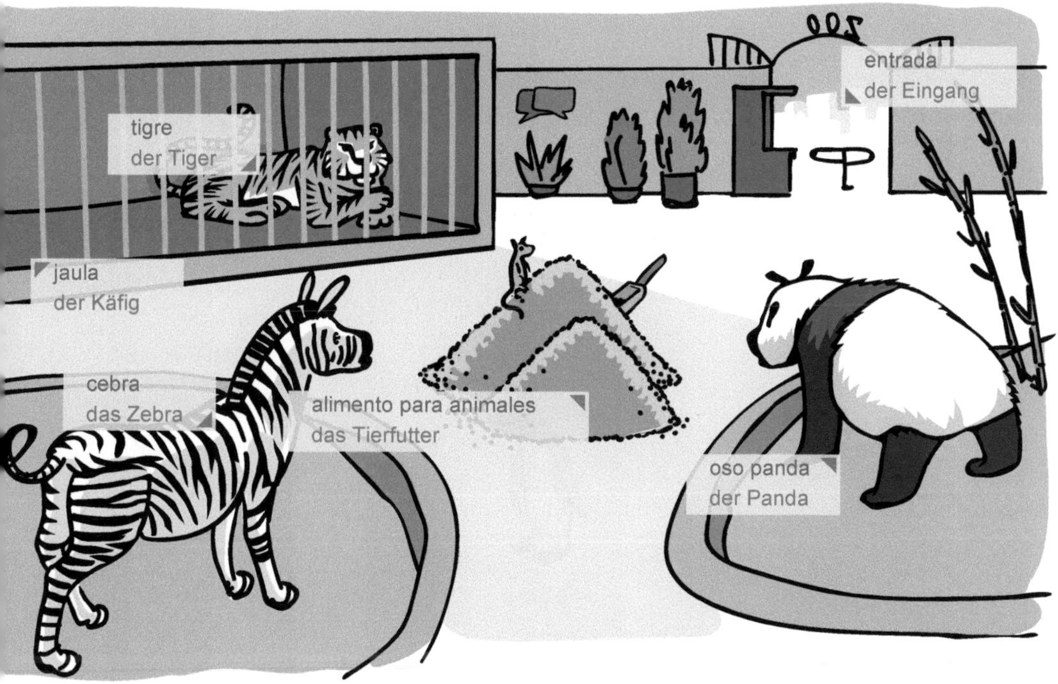

entrada
der Eingang
tigre
der Tiger
jaula
der Käfig
cebra
das Zebra
alimento para animales
das Tierfutter
oso panda
der Panda

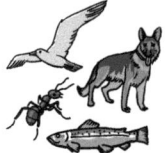

animales
die Tiere

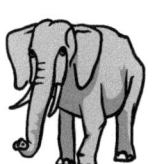

elefante
der Elefant

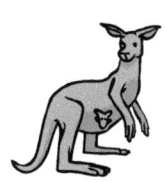

canguro
das Känguruh

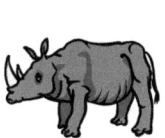

rinoceronte
das Nashorn

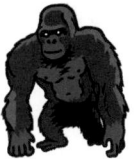

gorila
der Gorilla

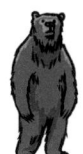

oso
der Bär

camello

das Kamel

avestruz

der Strauß

león

der Löwe

mono

der Affe

flamenco

der Flamingo

loro

der Papagei

oso polar

der Eisbär

pingüino

der Pinguin

tiburón

der Hai

pavo real

der Pfau

serpiente

die Schlange

cocodrilo

das Krokodil

cuidador del zoológico

der Zoowärter

foca

die Robbe

jaguar

der Jaguar

poni

das Pony

leopardo

der Leopard

hipopótamo

das Nilpferd

jirafa

die Giraffe

águila

der Adler

jabalí

das Wildschwein

pescado

der Fisch

tortuga

die Schildkröte

morsa

das Walross

zorro

der Fuchs

gacela

die Gazelle

deportes
der Sport

fútbol americano
das American Football

ciclismo
das Radfahren

tenis
das Tennis

básquet
der Basketball

natación
das Schwimmen

boxeo
das Boxen

hockey sobre hielo
das Eishockey

fútbol
der Fußball

bádminton
das Badminton

atletismo
die Leichtathletik

handball
der Handball

esquí
das Skilaufen

polo
das Polo

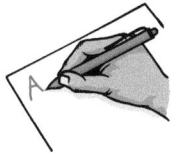

actividades
die Aktivitäten

reír
lachen
saltar
springen
abrazar
umarmen
caminar
gehen
cantar
singen
soñar
träumen
rezar
beten
besar
küssen

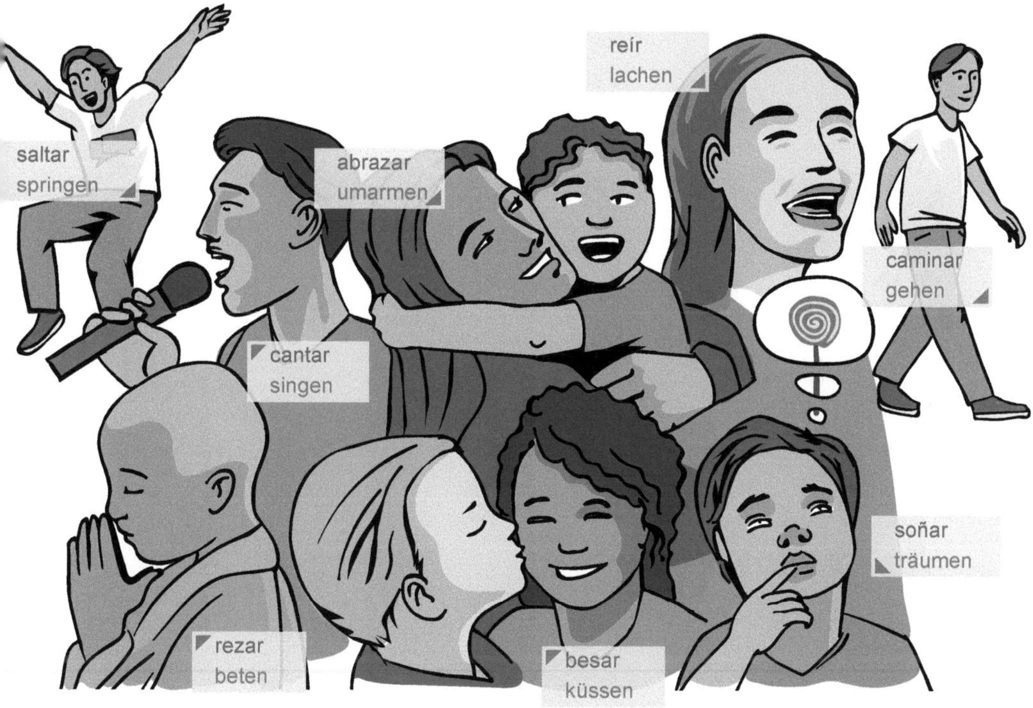

escribir

schreiben

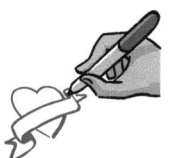

dibujar

zeichnen

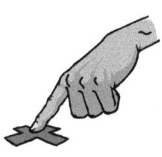

mostrar

zeigen

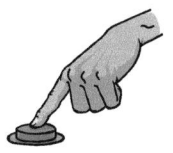

presionar

drücken

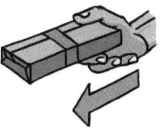

dar

geben

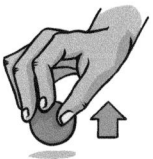

tomar

nehmen

tener

haben

hacer

tun

ser

sein

estar parado

stehen

correr

laufen

tirar

ziehen

tirar

werfen

caer

fallen

estar acostado

liegen

esperar

warten

llevar

tragen

estar sentado

sitzen

vestirse

anziehen

dormir

schlafen

despertar

aufwachen

mirar

ansehen

llorar

weinen

acariciar

streicheln

peinar

kämmen

hablar

reden

entender

verstehen

preguntar

fragen

escuchar

hören

beber

trinken

comer

essen

ordenar

aufräumen

amar

lieben

cocinar

kochen

manejar

fahren

volar

fliegen

navegar

segeln

calcular

rechnen

leer

lesen

aprender

lernen

trabajar

arbeiten

casarse

heiraten

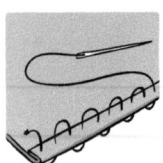

coser

nähen

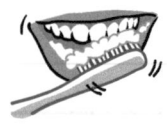

cepillarse los dientes

Zähne putzen

matar

töten

fumar

rauchen

enviar

senden

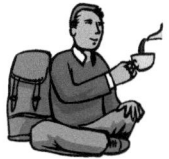

familia
die Familie

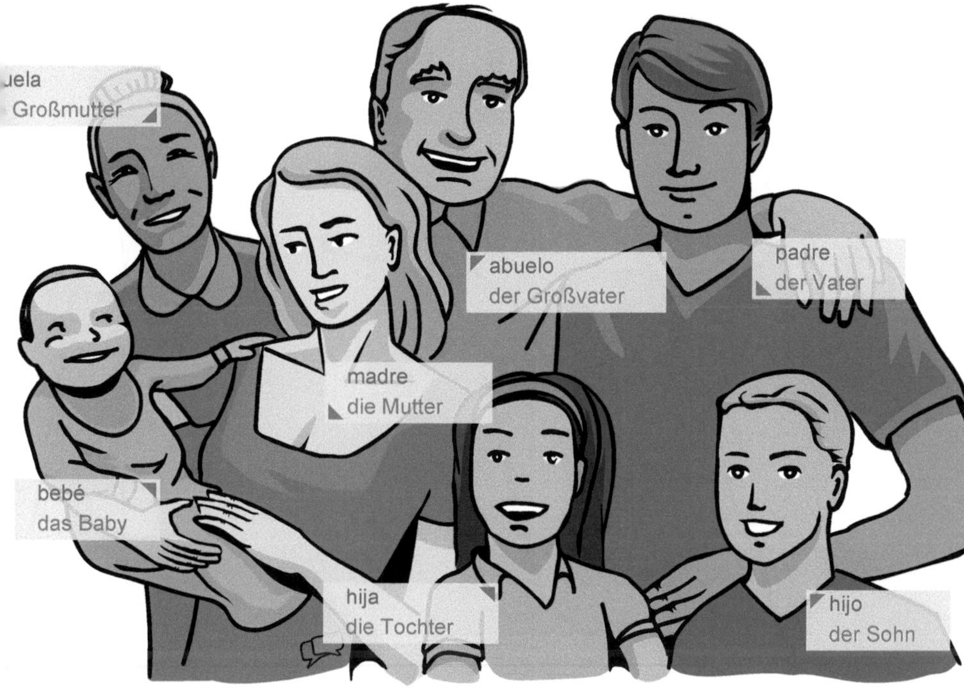
Großmutter
abuelo
der Großvater
padre
der Vater
madre
die Mutter
bebé
das Baby
hija
die Tochter
hijo
der Sohn

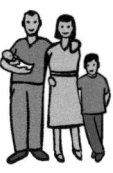

invitado

der Gast

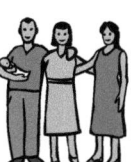

tía

die Tante

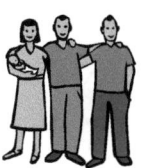

tío

der Onkel

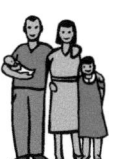

hermano

der Bruder

hermana

die Schwester

cuerpo

der Körper

frente
die Stirn
ojo
das Auge
hombro
die Schulter
dedo
der Finger
cara
das Gesicht
pera
das Kinn
mano
die Hand
pierna
das Bein
pecho
die Brust
brazo
der Arm

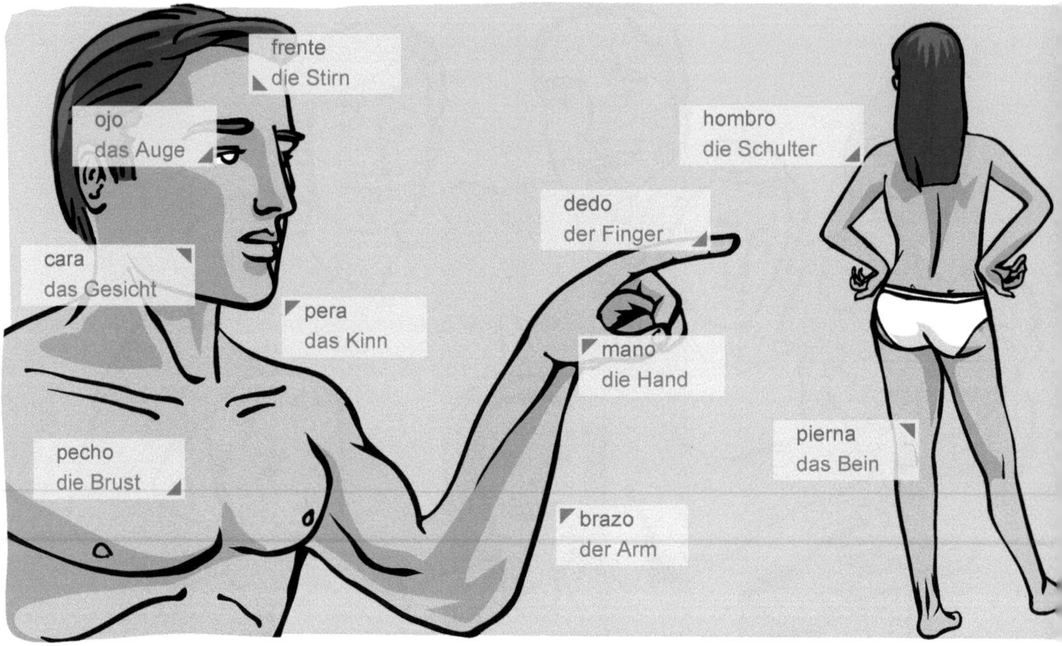

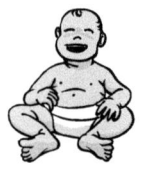

bebé

das Baby

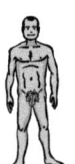

hombre

der Mann

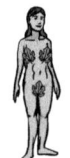

mujer

die Frau

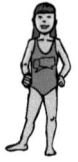

nena

das Mädchen

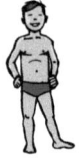

nene

der Junge

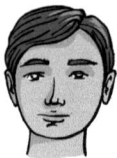

cabeza

der Kopf

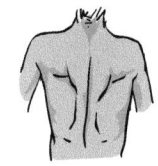

espalda

der Rücken

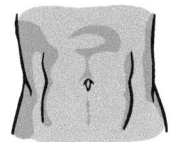

panza

der Bauch

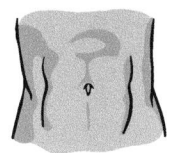

ombligo

der Nabel

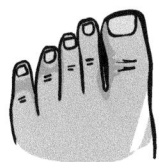

dedo del pie

der Zeh

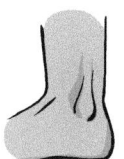

talón

die Ferse

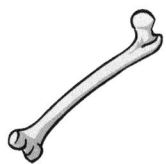

hueso

der Knochen

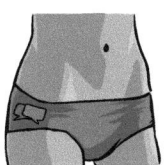

cadera

die Hüfte

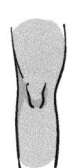

rodilla

das Knie

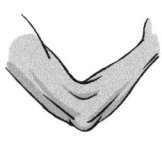

codo

der Ellenbogen

nariz

die Nase

cola

das Gesäß

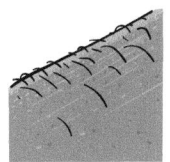

piel

die Haut

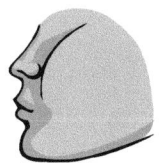

cachete

die Wange

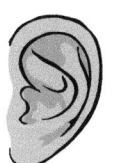

oreja

das Ohr

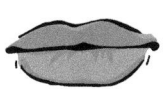

labio

die Lippe

cuerpo - der Körper

boca

der Mund

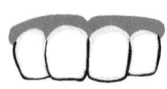

diente

der Zahn

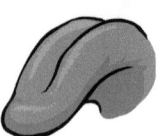

lengua

die Zunge

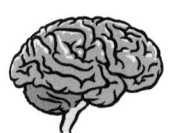

cerebro

das Gehirn

corazón

das Herz

músculo

der Muskel

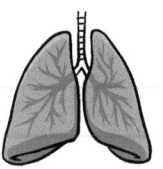

pulmón

die Lunge

hígado

die Leber

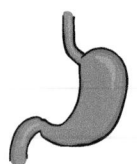

estómago

der Magen

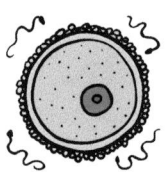

riñones

die Nieren

sexo

der Geschlechtsverkehr

preservativo

das Kondom

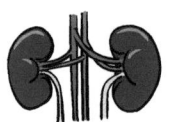

óvulo

die Eizelle

semen

das Sperma

embarazo

die Schwangerschaft

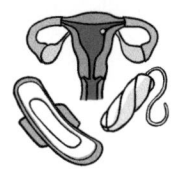

menstruación

die Menstruation

vagina

die Vagina

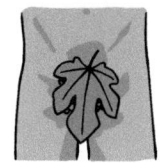

pene

der Penis

ceja

die Augenbraue

pelo

das Haar

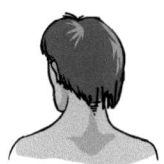

cuello

der Hals

hospital

das Krankenhaus

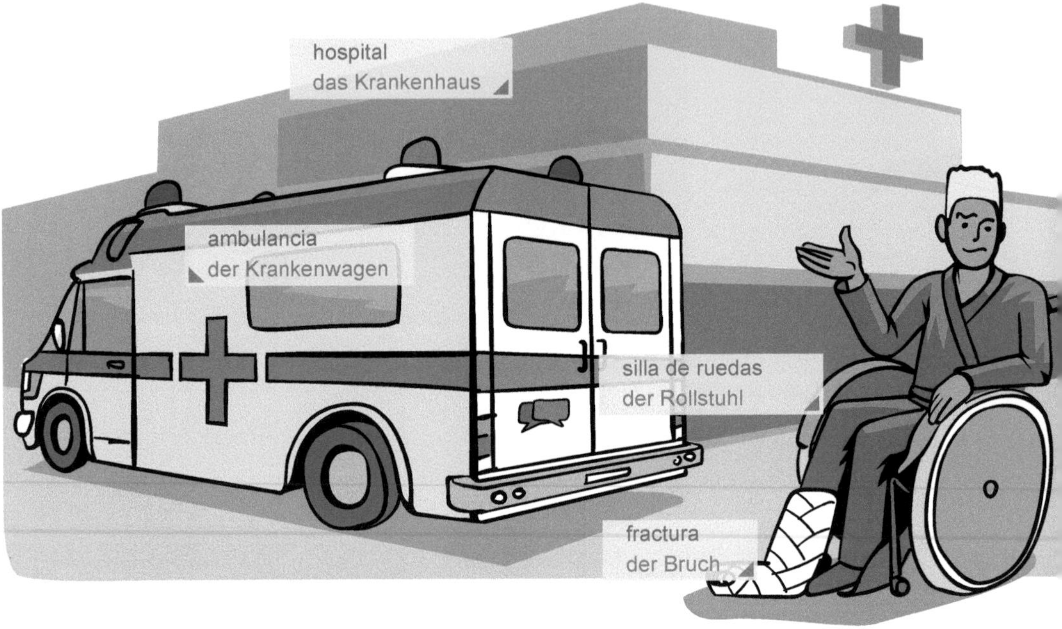

hospital
das Krankenhaus
ambulancia
der Krankenwagen
silla de ruedas
der Rollstuhl
fractura
der Bruch

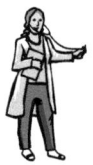

médico

der Arzt

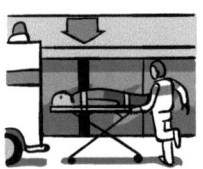

sala de guardia

die Notaufnahme

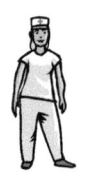

enfermera

die Krankenschwester

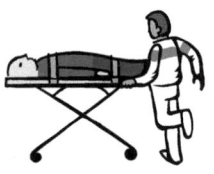

emergencia

der Notfall

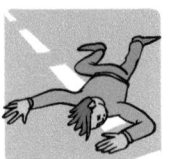

inconsciente

ohnmächtig

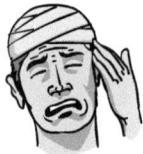

dolor

der Schmerz

lesión

die Verletzung

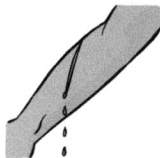

hemorragia

die Blutung

infarto

der Herzinfarkt

ACV

der Schlaganfall

alergia

die Allergie

tos

der Husten

fiebre

das Fieber

gripe

die Grippe

diarrea

der Durchfall

dolor de cabeza

die Kopfschmerzen

cáncer

der Krebs

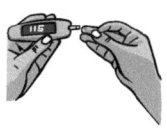

diabetes

die Diabetis

cirujano

der Chirurg

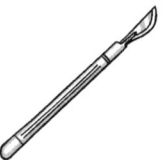

bisturí

das Skalpell

operación

die Operation

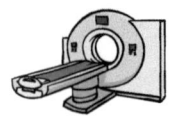

TC

das CT

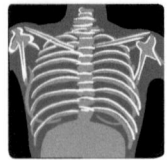

rayos x

das Röntgen

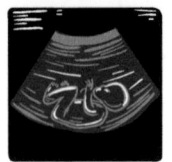

ecografía

das Ultraschall

barbijo

die Maske

enfermedad

die Krankheit

sala de espera

das Wartezimmer

muleta

die Krücke

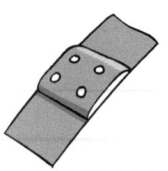

curita

das Pflaster

venda

der Verband

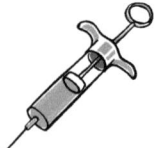

inyección

die Injektion

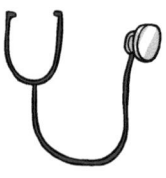

estetoscopio

das Stethoskop

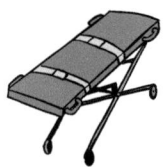

camilla

die Trage

termómetro

das Thermometer

nacimiento

die Geburt

sobrepeso

das Übergewicht

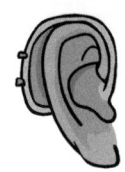

audífono

das Hörgerät

desinfectante

das Desinfektionsmittel

infección

die Infektion

virus

das Virus

VIH / SIDA

das HIV / AIDS

remedio

die Medizin

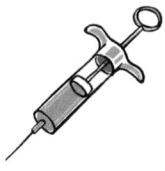

vacunación

die Impfung

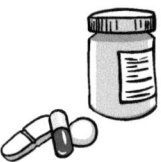

comprimidos

die Tabletten

pastilla anticonceptiva

die Pille

llamada de emergencia

der Notruf

tensiómetro

das Blutdruck-Messgerät

enfermo / sano

krank / gesund

¡Ayuda!

Hilfe!

alarma

der Alarm

agresión

der Überfall

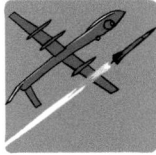

ataque

der Angriff

peligro

die Gefahr

salida de emergencia

der Notausgang

¡Fuego!

Feuer!

matafuego

der Feuerlöscher

accidente

der Unfall

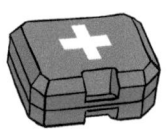

botiquín de primeros auxilios

der Erste-Hilfe-Koffer

SOS

SOS

policía

die Polizei

Europa

das Europa

América del Norte

das Nordamerika

América del Sur

das Südamerika

África

das Afrika

Asia

das Asien

Australia

das Australien

Atlántico

der Atlantik

Pacífico

der Pazifik

Océano Índico

der Indische Ozean

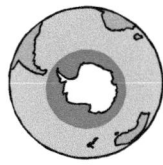

Océano Antártico

der Antarktische Ozean

Océano Ártico

der Arktische Ozean

polo norte

der Nordpol

polo sur

der Südpol

Antártida

die Antarktis

Tierra

die Erde

tierra

das Land

mar

das Meer

isla

die Insel

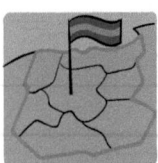

nación

die Nation

estado

der Staat

esfera

das Zifferblatt

manecilla de las horas

der Stundenzeiger

minutero

der Minutenzeiger

segundero

der Sekundenzeiger

¿Qué hora es?

Wie spät ist es?

día

der Tag

hora

die Zeit

ahora

jetzt

reloj digital

die Digitaluhr

minuto

die Minute

hora

die Stunde

semana

die Woche

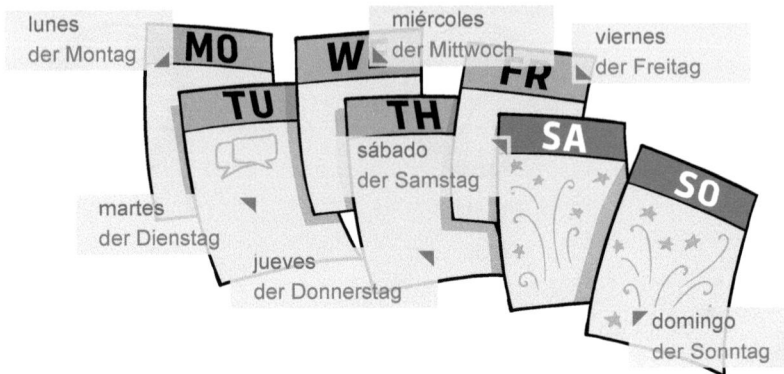

lunes
der Montag

miércoles
der Mittwoch

viernes
der Freitag

martes
der Dienstag

jueves
der Donnerstag

sábado
der Samstag

domingo
der Sonntag

ayer

gestern

hoy

heute

mañana

morgen

mañana

der Morgen

mediodía

der Mittag

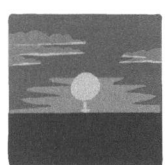

tarde

der Abend

días hábiles

die Arbeitstage

fin de semana

das Wochenende

año
das Jahr

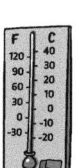

lluvia
der Regen
arco iris
der Regenbogen
nieve
der Schnee
viento
der Wind
primavera
der Frühling
otoño
der Herbst
verano
der Sommer
invierno
der Winter

4.APRIL 11°
5.APRIL 4°
6.APRIL 13°
7.APRIL 8°
8.APRIL 10°

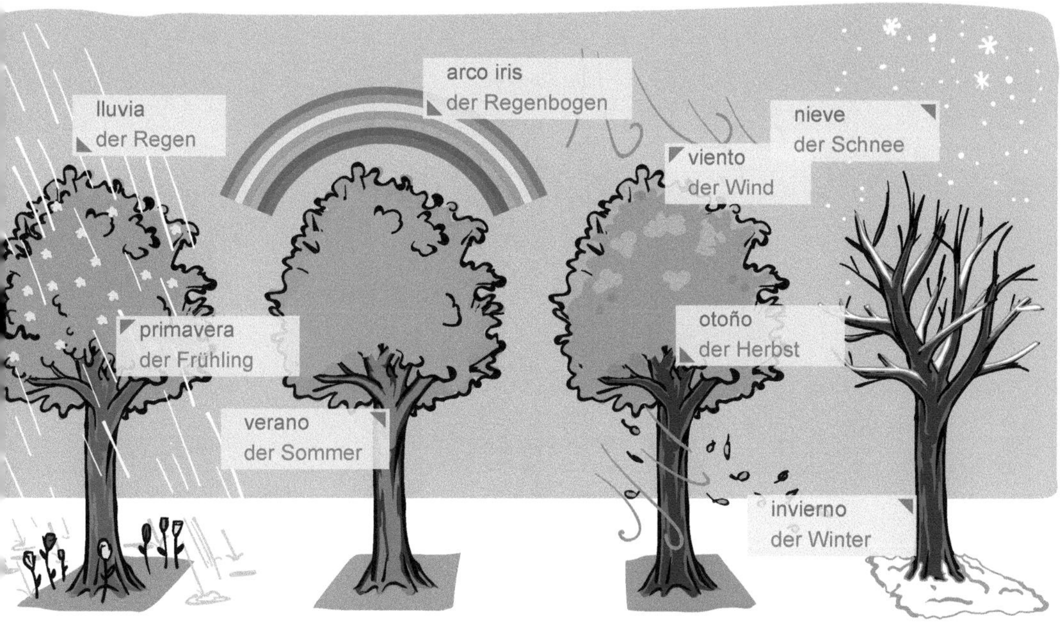

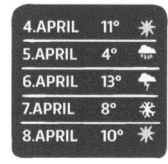

ronóstico meteorológico

die Wettervorhersage

F
C
120
90
60
30
0
-30
40
30
20
10
0
-10
-20

termómetro

das Thermometer

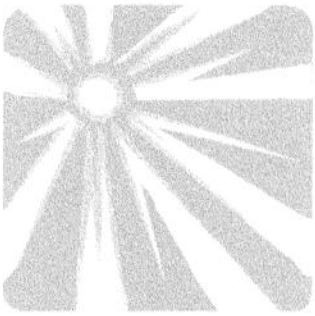

luz del sol

der Sonnenschein

nube

die Wolke

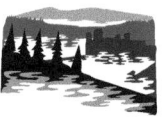

niebla

der Nebel

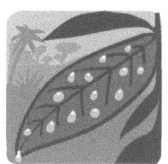

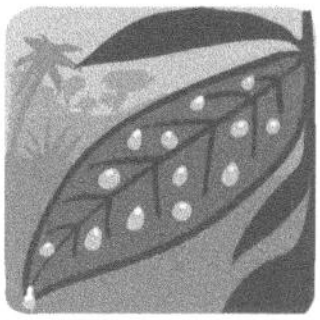

humedad

die Luftfeuchtigkeit

rayo

der Blitz

trueno

der Donner

tormenta

der Sturm

granizo

der Hagel

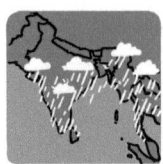

monzón

der Monsun

inundación

die Flut

hielo

das Eis

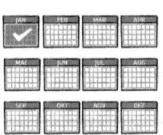

enero

der Januar

febrero

der Februar

marzo

der März

abril

der April

mayo

der Mai

junio

der Juni

julio

der Juli

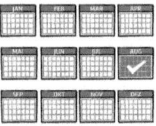

agosto

der August

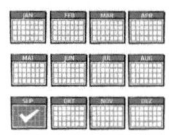

septiembre

der September

octubre

der Oktober

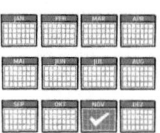

noviembre

der November

diciembre

der Dezember

formas
die Formen

círculo

der Kreis

cuadrado

das Quadrat

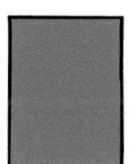

rectángulo

das Rechteck

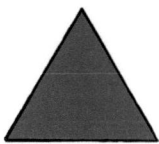

triángulo

das Dreieck

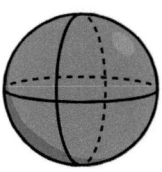

esfera

die Kugel

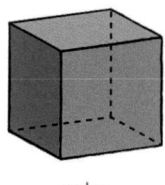

cubo

der Würfel

blanco

weiß

amarillo

gelb

naranja

orange

rosa

pink

rojo

rot

violeta

lila

azul

blau

verde

grün

marrón

braun

gris

grau

negro

schwarz

mucho / poco

viel / wenig

enojado / tranquilo

wütend / friedlich

lindo / feo

hübsch / hässlich

principio / fin

der Anfang / das Ende

grande / chico

groß / klein

claro / oscuro

hell / dunkel

hermano / hermana

er Bruder / die Schwester

limpio / sucio

sauber / schmutzig

completo / incompleto

vollständig / unvollständig

día / noche

der Tag / die Nacht

muerto / vivo

tot / lebendig

ancho / angosto

breit / schmal

comestible / no comestible

....

genießbar / ungenießbar

malo / amable

böse / freundlich

entusiasmado / aburrido

aufgeregt / gelangweilt

gordo / flaco

....

dick / dünn

primero / último

....

zuerst / zuletzt

amigo / enemigo

....

der Freund / der Feind

lleno / vacío

....

voll / leer

duro / blando

....

hart / weich

pesado / liviano

....

schwer / leicht

hambre / sed

....

der Hunger / der Durst

enfermo / sano

....

krank / gesund

ilegal / legal

....

illegal / legal

inteligente / estúpido

....

intelligent / dumm

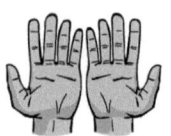

izquierda / derecha

....

links / rechts

cerca / lejos

....

nah / fern

nuevo / usado

neu / gebraucht

nada / algo

nichts / etwas

viejo / joven

alt / jung

encendido / apagado

an / aus

abierto / cerrado

offen / geschlossen

silencioso / ruidoso

leise / laut

rico / pobre

reich / arm

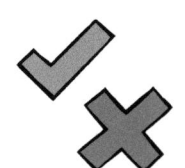

correcto / incorrecto

richtig / falsch

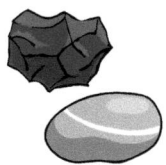

áspero / suave

rau / glatt

triste / contento

traurig / glücklich

corto / largo

kurz / lang

lento / rápido

langsam / schnell

mojado / seco

nass / trocken

caliente / frío

warm / kühl

guerra / paz

der Krieg / der Frieden

números
die Zahlen

0
cero
null

1
uno
eins

2
dos
zwei

3
tres
drei

4
cuatro
vier

5
cinco
fünf

6
seis
sechs

7
siete
sieben

8
ocho
acht

9
nueve
neun

10
diez
zehn

11
once
elf

12

doce

zwölf

13

trece

dreizehn

14

catorce

vierzehn

15

quince

fünfzehn

16

dieciséis

sechzehn

17

diecisiete

siebzehn

18

dieciocho

achtzehn

19

diecinueve

neunzehn

20

veinte

zwanzig

100

cien

hundert

1.000

mil

tausend

1.000.000

millón

million

idiomas
die Sprachen

inglés

Englisch

inglés americano

Amerikanisches Englisch

chino mandarín

Chinesisch Mandarin

hindi

Hindi

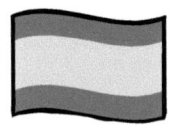

español

Spanisch

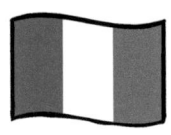

francés

Französisch

árabe

Arabisch

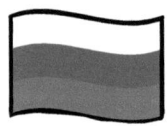

ruso

Russisch

portugués

Portugiesisch

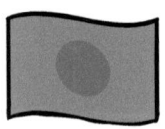

bengalí

Bengalisch

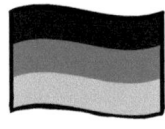

alemán

Deutsch

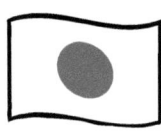

japonés

Japanisch

yo

ich

vos

du

él / ella

er / sie / es

nosotros

wir

ustedes

ihr

ellos

sie

¿quién?

wer?

¿qué?

was?

¿cómo?

wie?

¿dónde?

wo?

¿cuándo?

wann?

nombre

Name

dónde

wo

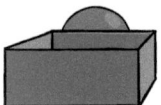

detrás

hinter

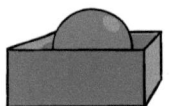

en

in

adelante de

vor

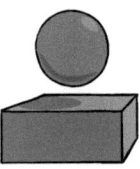

por encima de

über

sobre

auf

debajo de

unter

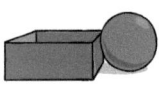

al lado de

neben

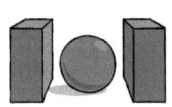

entre

zwischen

lugar

der Ort